LES AVENTURES DE TOM ET ZOÉ DANS LE MONDE DES CRYPTOMONNAIES

Comprendre le Monde de Bitcoin et des Cryptomonnaies.

EN FAMILLE
- COLLECTION -

EDITIONS POUR LES PETITS ET LES GRANDS

Chers lecteurs,

Je m'appelle Thomas Becker et, à trente-six ans, ma passion pour l'univers de la petite enfance et le monde fascinant des cryptomonnaies m'a conduit à un croisement inattendu. C'est ici, au cœur de ces deux mondes, que l'idée de créer quelque chose d'unique pour vous et votre famille a pris forme.

La collection "En Famille" est née de cette rencontre entre mon expérience personnelle et professionnelle et ma curiosité insatiable pour les cryptomonnaies. J'ai souhaité fusionner ces deux univers pour offrir à chaque famille un moment de partage et d'apprentissage ensemble.

L'idée est simple mais puissante : créer un pont entre les générations, un lieu de rencontre où petits et grands peuvent se retrouver, échanger et grandir ensemble. Dans un monde où la technologie évolue à un rythme effréné, il est plus important que jamais de renforcer les liens familiaux, en partageant des connaissances et des expériences.

La collection "En Famille" n'est pas seulement un ensemble de livres. C'est une aventure, un voyage au cœur de sujets passionnants et actuels. C'est une invitation à explorer ensemble, à poser des questions, à débattre et à s'émerveiller. Chaque page est une opportunité pour les enfants de découvrir, et pour les adultes de redécouvrir, le monde à travers des yeux neufs.

Je crois fermement que l'apprentissage est un voyage sans fin et que le meilleur moyen de parcourir ce chemin est ensemble, en famille. Avec cette collection, mon objectif est de semer des graines de curiosité et de connaissance, qui pourront s'épanouir dans la chaleur de vos foyers.
Rejoignez-moi dans cette aventure passionnante, où l'apprentissage devient un jeu, où chaque découverte est une célébration, et où chaque moment passé ensemble devient un trésor précieux.

Avec toute ma passion et mon enthousiasme,

Thomas Becker

LES AVENTURES DE TOM ET ZOÉ DANS LE MONDE DES CRYPTOMONNAIES

Comprendre le Monde de Bitcoin et des Cryptomonnaies.

CHAPITRE 1

LA DÉCOUVERTE DU MONDE MAGIQUE

CHAPITRE 1

Introduction aux Cryptomonnaies et à la Blockchain

Dans la vaste et paisible forêt numérique de Blockchainia, un monde où chaque feuille et brin d'herbe semblait chargé d'une magie mystérieuse, deux ours en peluche, Tom et Zoé, vivaient des jours heureux et insouciants. Tom, avec son pelage brun et ses yeux pétillants d'aventure, rêvait toujours de découvrir des mondes inconnus. Zoé, d'une douceur incomparable avec son pelage crème et ses yeux curieux, adorait résoudre des mystères et apprendre de nouvelles choses.

Un jour, alors que le soleil levant peignait le ciel de Blockchainia de teintes orangées et roses, Tom et Zoé jouaient à cache-cache parmi les hautes herbes numériques qui scintillaient de mille feux. Une brise légère et mélodieuse les porta vers un chemin dissimulé, bordé de fleurs qui semblaient danser et chuchoter des secrets.

Le tournant révolutionnaire de Bitcoin.

En **2009**, le monde a été témoin de l'avènement de Bitcoin, une innovation qui a redéfini la notion même de monnaie.

Créé par une personne ou un groupe anonyme sous le pseudonyme de Satoshi Nakamoto, Bitcoin n'était pas seulement la première cryptomonnaie ; il a également introduit la technologie de la **blockchain**, une avancée majeure qui a ouvert la voie à un tout nouveau système financier.

Bitcoin a été conçu comme une réponse directe à la crise financière de 2008, proposant un système monétaire décentralisé, une alternative à la monnaie fiduciaire gérée par les banques et les gouvernements.

Comprendre la Blockchain.

Au cœur de Bitcoin réside la **blockchain**, une technologie révolutionnaire offrant transparence, sécurité et immutabilité. Imaginons la blockchain comme un grand livre comptable public où chaque transaction est enregistrée.

Ce registre n'est pas stocké en un seul endroit mais est distribué sur un réseau d'ordinateurs, rendant pratiquement impossible toute altération des données.

Chaque "**bloc**" sur la blockchain contient un ensemble de transactions, et une fois qu'un bloc est rempli, il est lié **cryptographiquement** au bloc précédent, créant ainsi une chaîne continue et sécurisée de données.

Ils suivirent le chemin, leurs pas résonnant de joie et d'excitation. Le chemin, sinueux et mystérieux, les mena à travers des bois ombragés où les oiseaux chantaient des mélodies anciennes. Les papillons aux ailes irisées les guidaient, voltigeant autour d'eux comme des éclats de lumière.

Après un moment de marche, leurs yeux s'écarquillèrent de surprise en apercevant une cabane ancienne, presque cachée sous un amoncellement de feuilles multicolores et de lianes. "Zoé, regarde ! Une cabane secrète !" s'exclama Tom, l'excitation vibrant dans sa voix. Zoé, avec son esprit vif et sa curiosité insatiable, répondit : "Elle a l'air vieille... Imagine les histoires qu'elle pourrait nous raconter !"

Ils s'approchèrent de la cabane, leurs cœurs battant à l'unisson. La porte en bois, sculptée de symboles étranges et anciens, s'ouvrit avec un grincement mystérieux, révélant un intérieur sombre et poussiéreux. Des rayons de lumière filtraient à travers les fissures du toit, illuminant la pièce d'une lueur dorée.

Au centre, sous un halo de lumière, se trouvait une console de jeu ancienne, ornée de gemmes scintillantes et de runes mystiques.

Le Sais-Tu ? L'Identité Mystérieuse de Satoshi Nakamoto

Le fondateur de Bitcoin, connu sous le nom de **Satoshi Nakamoto**, reste une figure mystérieuse et **anonyme**. Malgré de nombreuses spéculations et enquêtes, l'identité réelle de Nakamoto n'a **jamais été confirmée**. Cette énigme ajoute une dimension fascinante à l'histoire de Bitcoin et stimule l'imagination sur l'origine de cette monnaie révolutionnaire.

L'Expansion et la Diversification des Cryptomonnaies.

L'introduction de Bitcoin a ouvert la porte à un univers de cryptomonnaies, chacune avec **ses propres caractéristiques** et **innovations**. **Ethereum**, par exemple, a introduit la fonctionnalité des **contrats intelligents** (smart contracts), étendant les applications de la blockchain au-delà des transactions financières pures. D'autres cryptomonnaies, comme **Ripple** et Litecoin, ont cherché à améliorer des aspects spécifiques tels que la vitesse de transaction et l'efficacité énergétique.

Des cartes de Blockchainia tapissaient les murs, et un vieux journal reposait sur une table en bois, ses pages jaunies regorgeant d'histoires et de légendes.

Tom, les yeux brillants d'aventure, se précipita vers la console. "Zoé, on a trouvé un trésor ! Une porte vers un autre monde !" Zoé, toujours assoiffée de connaissances, feuilletait déjà le journal, absorbée par les récits des merveilles de Blockchainia. "C'est un monde où tout est connecté, où la magie de la technologie crée des possibilités sans fin !" dit-elle, fascinée.

Sans hésiter, Tom appuya sur le bouton de la console. Un frisson parcourut la pièce alors que la console s'éveillait, illuminant les murs de couleurs vives et de motifs numériques. L'écran s'activa, révélant une carte interactive de Blockchainia, un monde numérique regorgeant de mystères et d'aventures.

"Zoé, on va explorer Blockchainia !" s'écria Tom, l'anticipation illuminant son visage. Zoé, les yeux scintillant d'excitation, acquiesça. "Une aventure incroyable nous attend.

Les Cryptomonnaies et leurs Applications.

Les cryptomonnaies ont dépassé leur rôle initial d'alternative monétaire pour explorer des applications dans divers domaines. Elles sont utilisées pour **faciliter des transactions internationales** rapides, pour le **crowdfunding** via des Initial Coin Offerings (ICOs), et même dans le domaine de **l'art** avec les NFTs (Non-Fungible Tokens). Ces applications montrent la flexibilité et la polyvalence des cryptomonnaies et de la blockchain.

Bien que les cryptomonnaies offrent de nombreuses possibilités, elles présentent également des défis. La volatilité des prix, les questions réglementaires, et la compréhension publique limitée sont des obstacles à surmonter.

Focus sur Satoshi Nakamoto

Satoshi Nakamoto est le pseudonyme de la personne ou du groupe de personnes qui ont créé Bitcoin et la technologie de la blockchain. Cette figure mystérieuse a révolutionné le monde de la finance en introduisant la première cryptomonnaie décentralisée en **2009**. Malgré de nombreuses spéculations, l'identité de Nakamoto reste un **mystère**. La préservation de son anonymat a suscité un débat sur l'importance de la **confidentialité** dans le monde numérique et a ajouté une couche de mystère autour de Bitcoin, incitant à une exploration plus profonde des implications et de l'avenir des cryptomonnaies.

CHAPITRE 2

RENCONTRE AVEC SATOSHI

CHAPITRE 2

L'Histoire de Bitcoin et l'Émergence des Cryptomonnaies

Dans le scintillant monde de Blockchainia, après leur découverte de la cabane mystérieuse et de la console magique, Tom et Zoé se trouvaient désormais face à une nouvelle aventure. Alors qu'ils exploraient les rues animées de la ville numérique, leurs pas les menèrent à une place centrale, où un personnage captivant attira leur attention.

Il s'agissait de Satoshi, un personnage énigmatique connu dans tout Blockchainia pour sa sagesse et son savoir. Satoshi, avec son manteau orné de symboles cryptiques et son regard pénétrant, semblait connaître les secrets les plus profonds de ce monde numérique.

"Bonjour, jeunes aventuriers," dit Satoshi avec une voix douce mais forte.

Débuts Révolutionnaires de Bitcoin.

L'histoire de Bitcoin est un voyage fascinant à travers l'innovation et la disruption. Créé en **2009**, Bitcoin est né en réponse à la crise financière mondiale de 2008, offrant une **alternative** à la monnaie fiduciaire contrôlée par les gouvernements et les banques. Il s'est distingué non seulement comme une nouvelle forme de monnaie numérique mais aussi comme le premier exemple réussi d'utilisation de la blockchain.

Bitcoin : Une Nouvelle Ère Monétaire.

La création de Bitcoin a marqué le début d'une nouvelle ère monétaire. Il a démontré qu'une monnaie numérique pouvait fonctionner de manière **décentralisée**, sans nécessiter un intermédiaire pour valider les transactions. Cette indépendance vis-à-vis des autorités centralisées était révolutionnaire, ouvrant la voie à une réflexion sur la souveraineté monétaire et la transparence financière.

Définition : Monnaie fiduciaire

La monnaie fiduciaire est une monnaie qui tire sa valeur non de sa matérialité (comme l'or ou l'argent) mais du fait qu'elle est soutenue par le **gouvernement** qui l'émet. Elle est généralement représentée par des **billets** et des **pièces** utilisés dans les transactions quotidiennes.

"Je vois que vous êtes nouveaux ici. Laissez-moi vous montrer l'histoire de notre monde."

Tom, intrigué, et Zoé, avide de connaissances, suivirent Satoshi jusqu'à un grand écran numérique situé au cœur de la place.

L'écran s'illumina, révélant l'histoire de la première transaction Bitcoin – l'achat de pizzas avec cette nouvelle forme de monnaie. "Ceci," expliqua Satoshi, "est un moment historique dans notre monde. C'est la première fois que Bitcoin a été utilisé comme une monnaie pour un achat réel. Cela a ouvert la voie à tout ce que vous voyez autour de vous."

Tom et Zoé étaient fascinés. Les images de pizzas et de pièces numériques dansaient sur l'écran, racontant une histoire de possibilités et d'innovation. "C'est incroyable," s'exclama Tom. "Qui aurait cru qu'une simple pizza pourrait mener à tout cela ?"

Satoshi sourit. "Dans Blockchainia, les petites choses peuvent mener à de grandes découvertes. C'est le pouvoir de la technologie et de l'imagination combinées." Zoé, réfléchie, ajouta : "C'est comme si chaque pièce de Bitcoin avait sa propre histoire à raconter."

Expansion et Diversification des Cryptomonnaies.

Suite à l'apparition de Bitcoin, le monde des cryptomonnaies a connu une expansion rapide. De nouvelles monnaies numériques telles qu'Ethereum, Ripple et Litecoin ont été développées, chacune apportant ses propres innovations et utilisations. Ethereum, en particulier, a élargi l'application de la blockchain avec ses contrats intelligents, permettant des fonctionnalités bien au-delà des simples transactions monétaires.

Le Sais-Tu ? La Première Transaction Bitcoin

La première transaction Bitcoin est un événement historique dans le monde des cryptomonnaies. En mai 2010, **10 000 bitcoins ont été utilisés pour acheter deux pizzas**, marquant la première utilisation commerciale de Bitcoin. À l'époque, ces bitcoins valaient environ 41 USD, mais aujourd'hui, leur valeur serait de plusieurs millions de dollars.

Impact et Adoption Globale.

L'impact de Bitcoin et des cryptomonnaies s'étend à l'échelle mondiale. Ces monnaies offrent des solutions innovantes pour les transactions internationales, réduisant les coûts et les délais. De plus, elles ont attiré l'attention des investisseurs, des régulateurs et du grand public, ce qui a conduit à une adoption croissante dans divers secteurs, y compris au sein des institutions financières traditionnelles.

Satoshi les regarda avec bienveillance. "Exactement, Zoé. Et maintenant, c'est à vous de créer votre propre histoire dans notre monde.

Explorez, apprenez et, surtout, amusez-vous." Avec ces mots, Satoshi s'éclipsa mystérieusement, laissant derrière lui une traînée de lumière numérique.

Tom et Zoé se regardèrent, les yeux brillants d'excitement. "On a tellement à découvrir ici," dit Tom. "Oui," répondit Zoé. "Et c'est juste le début de notre aventure." Main dans la main, ils s'aventurèrent plus profondément dans les rues de Blockchainia, prêts à découvrir les merveilles et les secrets de ce monde éblouissant.

Définition : Blockchain

La blockchain est une technologie de registre distribué qui permet de stocker des données de manière **transparente**, **sécurisée** et **immuable**. Elle est la base des cryptomonnaies, assurant l'intégrité et la fiabilité des transactions numériques.

Focus sur Ethereum

Ethereum, lancé en **2015** par **Vitalik Buterin** et d'autres, est bien plus qu'une simple cryptomonnaie. Il s'agit d'une plateforme révolutionnaire qui étend l'application de la blockchain avec ses **contrats intelligents**. Ces contrats autonomes ont ouvert la voie à des applications décentralisées (dApps) et à la finance décentralisée (DeFi), redéfinissant l'usage de la blockchain. Ethereum a marqué une **étape clé** dans l'évolution des cryptomonnaies, démontrant que la technologie blockchain peut être utilisée pour bien plus que des transactions financières.

CHAPITRE 3

LES MONTAGNES RUSSES DU MARCHÉ

Comprendre la Blockchain : Au-delà de Bitcoin

Après leur rencontre avec Satoshi, Tom et Zoé continuèrent leur exploration de Blockchainia. Leur prochaine destination était un lieu étonnant connu sous le nom de "Parc d'Attractions du Marché". C'était un endroit où les concepts du marché des cryptomonnaies prenaient vie sous une forme ludique et interactive.

À leur arrivée, ils furent accueillis par une vue spectaculaire : des montagnes russes géantes appelées "Bull et Bear". Ces montagnes russes étaient uniques, reflétant les hauts et les bas du marché des cryptomonnaies. La piste "Bull" montait haut dans le ciel, symbolisant les périodes de croissance et de prospérité, tandis que la piste "Bear" plongeait vers le bas, représentant les moments de baisse et de récession.

"

La Blockchain : Une Révolution Technologique.

La blockchain, bien que popularisée par Bitcoin, est une technologie révolutionnaire avec des implications bien au-delà des cryptomonnaies. Elle représente une nouvelle manière de gérer les données et de mener des transactions, basée sur la décentralisation, la sécurité et la transparence. À son essence, la blockchain est un registre distribué qui enregistre les transactions de manière **inaltérable** et **transparente** sur un réseau d'ordinateurs.

Principes Fondamentaux de la Blockchain.

Chaque "**bloc**" dans une blockchain contient un **ensemble de transactions,** vérifiées et scellées **cryptographiquement**. Une fois qu'un bloc est complet, il est ajouté à la chaîne dans un ordre chronologique. Cette structure empêche la modification des informations antérieures sans altérer tous les blocs suivants, ce qui sécurise les données contre les falsifications.

Définition : Cryptographie

La **cryptographie** est l'art de protéger les informations en les transformant en un format **sécurisé**, connu uniquement par ceux qui sont autorisés à y accéder. Dans la blockchain, elle est utilisée pour sécuriser les transactions et pour maintenir l'intégrité et la confidentialité des données.

Wow, regarde ça, Zoé ! On dirait que le marché est une vraie aventure !" s'exclama Tom, ses yeux brillant d'excitation.

Zoé, un peu plus prudente mais tout aussi curieuse, acquiesça. "C'est comme une métaphore de la volatilité du marché. On ne sait jamais vraiment ce qui nous attend."

Ils décidèrent de monter dans le wagon des montagnes russes "Bull". Alors qu'ils montaient lentement vers le sommet, Tom se sentait euphorique, mais aussi un peu nerveux. Zoé, quant à elle, analysait chaque virage et chaque montée, essayant de comprendre la dynamique du marché.

Au sommet, juste avant la grande descente, Tom regarda Zoé et dit : "Prêts pour la descente ?" Avec un sourire déterminé, Zoé répondit : "Toujours prête !" Et ensemble, ils plongèrent dans la descente vertigineuse, criant de joie et d'excitation.

Après leur tour sur les montagnes russes "Bull", ils décidèrent de tenter l'aventure sur la piste "Bear".

Applications de la Blockchain.

Au-delà de soutenir les cryptomonnaies, la blockchain a des applications dans **divers secteurs**. Par exemple, dans la chaîne d'approvisionnement, elle peut être utilisée pour suivre l'origine et le parcours des produits, offrant ainsi une transparence totale. Dans le domaine de la santé, la blockchain peut sécuriser les dossiers médicaux, permettant un partage sécurisé et efficace des informations entre les professionnels de la santé.

Le Sais-Tu ? La Blockchain et les Elections

La blockchain a le potentiel de révolutionner les systèmes de vote. En offrant un registre inaltérable et facilement vérifiable, la blockchain peut réduire la fraude électorale et augmenter la confiance dans le processus électoral. Des expérimentations ont déjà été menées pour utiliser la blockchain dans les élections, ouvrant la voie à une démocratie plus transparente et sécurisée.

Défis et Opportunités.

Malgré son potentiel, la blockchain fait face à des **défis**, notamment en matière de scalabilité, de réglementation et de compréhension publique. Les questions concernant la gouvernance des blockchains et leur intégration avec les systèmes existants sont au cœur des discussions actuelles. Cependant, l'innovation continue dans ce domaine suggère un avenir prometteur et des possibilités d'application pratiquement illimitées.

Cette fois, la descente était rapide et abrupte, leur donnant une sensation de frisson différente. "C'est comme dans le vrai marché, n'est-ce pas ?

Wow, regarde ça, Zoé ! On dirait que le marché est une vraie aventure !" s'exclama Tom, ses yeux brillant d'excitation.

Zoé, un peu plus prudente mais tout aussi curieuse, acquiesça. "C'est comme une métaphore de la volatilité du marché. On ne sait jamais vraiment ce qui nous attend."

Ils décidèrent de monter dans le wagon des montagnes russes "Bull". Alors qu'ils montaient lentement vers le sommet, Tom se sentait euphorique, mais aussi un peu nerveux. Zoé, quant à elle, analysait chaque virage et chaque montée, essayant de comprendre la dynamique du marché.

Au sommet, juste avant la grande descente, Tom regarda Zoé et dit : "Prêts pour la descente ?" Avec un sourire déterminé, Zoé répondit : "Toujours prête !" Et ensemble, ils plongèrent dans la descente vertigineuse, criant de joie et d'excitation.

Focus sur la Tokenisation d'Actifs

La **tokenisation d'actifs** sur la blockchain est un processus révolutionnaire qui **transforme les droits sur des actifs physiques** ou numériques **en jetons numériques**. Cette approche innovante offre une nouvelle méthode pour fractionner la propriété d'actifs tels que l'immobilier, l'art, ou même des participations dans des entreprises.

La tokenisation augmente la liquidité et rend les actifs plus accessibles, permettant aux petits investisseurs de participer à des marchés auparavant inaccessibles. Elle offre également une transparence et une sécurité accrues, réduisant les risques de fraude et simplifiant les processus de transfert d'actifs.

Avec la tokenisation, les marchés traditionnels pourraient être transformés, offrant plus de flexibilité, d'efficacité et d'opportunités d'investissement.

Après leur tour sur les montagnes russes "Bull", ils décidèrent de tenter l'aventure sur la piste "Bear". Cette fois, la descente était rapide et abrupte, leur donnant une sensation de frisson différente. "C'est comme dans le vrai marché, n'est-ce pas ?

Parfois, on monte, et parfois, on descend," dit Tom, un peu essoufflé par l'aventure.

"Exactement," répondit Zoé. "Mais l'important, c'est de rester calme et de se rappeler que les hauts et les bas font partie du voyage."

Elle ajouta avec sagesse : "Comme dans la vie, Tom, il y a toujours des montées et des descentes."

Leur aventure sur les montagnes russes leur avait appris une leçon importante sur la nature changeante du marché des cryptomonnaies.

Avec de nouvelles perspectives sur le marché des cryptomonnaies, Tom et Zoé continuèrent leur voyage à travers Blockchainia, impatients de découvrir ce que les autres merveilles de ce monde numérique leur réservaient.

CHAPITRE 4

LA DÉCOUVERTE DE LA BLOCKCHAIN ET DE LA SÉCURITÉ

Les Enjeux de Sécurité dans le Monde des Cryptomonnaies

Après les montagnes russes du marché, Tom et Zoé se dirigèrent vers le prochain arrêt de leur aventure : le Laboratoire de la Blockchain. Ce lieu était connu dans tout Blockchainia pour être un centre d'apprentissage et d'exploration de la technologie qui sous-tendait leur monde numérique.

En entrant dans le laboratoire, les deux ours furent émerveillés par les écrans lumineux affichant des chaînes de blocs en mouvement et des données cryptées. "C'est incroyable !", s'exclama Tom. "Regarde, Zoé, c'est comme une rivière de lumière qui coule sans fin."

Zoé, toujours curieuse d'apprendre, écoutait attentivement un guide qui expliquait comment chaque bloc de la blockchain était sécurisé et lié au précédent, créant ainsi un enregistrement inaltérable des transactions.

La Sécurité au cœur des Cryptomonnaies.

Dans l'univers des cryptomonnaies, la sécurité est un défi permanent. L'absence d'intermédiaires financiers traditionnels signifie que la responsabilité de la sécurité des actifs numériques repose entièrement sur l'utilisateur. Les risques sont variés et complexes, allant des attaques de phishing et de piratage aux erreurs humaines dans la gestion des clés privées.

Protéger ses Actifs Numériques.

La première ligne de défense dans la protection des cryptomonnaies est la **gestion sécurisée des clés privées**. Ces clés, qui permettent d'accéder et de transférer des cryptomonnaies, doivent être stockées avec un soin extrême. L'utilisation de portefeuilles matériels, qui stockent les clés privées hors ligne, est une méthode populaire pour réduire le risque de vol numérique. En outre, la mise en place de mesures de sécurité telles que l'authentification à deux facteurs et l'utilisation de phrases de passe robustes est essentielle.

 **Définition : Phishing**

Le **phishing** est une technique de fraude en ligne où l'attaquant tente de **duper la victime** pour obtenir des informations sensibles comme des mots de passe ou des clés privées. Dans le contexte des cryptomonnaies, cela peut entraîner un accès non autorisé aux portefeuilles numériques et la perte de fonds.

"C'est comme un puzzle géant où chaque pièce est essentielle à l'ensemble," dit-elle, impressionnée.

Ils explorèrent les différentes stations interactives du laboratoire. À l'une d'elles, ils apprirent comment les transactions étaient vérifiées et ajoutées à la blockchain. À une autre, ils découvrirent les multiples usages de la blockchain, allant des cryptomonnaies à la sécurisation des informations médicales.

Tom était fasciné par une station où il pouvait voir les mineurs de Blockchainia en action, résolvant des problèmes complexes pour valider les transactions. "C'est comme une course au trésor où chaque solution apporte sa contribution à l'ensemble," dit-il avec enthousiasme.

Zoé, quant à elle, était absorbée par une exposition sur les smart contracts, des contrats qui s'exécutaient automatiquement lorsque certaines conditions étaient remplies. "C'est comme si la blockchain avait sa propre magie, capable de faire des choses incroyables," s'émerveilla-t-elle.

Leur visite au Laboratoire de la Blockchain leur avait ouvert les yeux sur la complexité et la puissance de cette technologie.

Le Sais-Tu ? La Sécurité des Portefeuilles en Ligne

Les portefeuilles de cryptomonnaies en ligne, bien que pratiques, peuvent présenter des **risques de sécurité.** En 2014, la plateforme d'échange Mt. Gox a été victime d'un piratage, entraînant la perte de centaines de milliers de bitcoins. Cet incident a mis en lumière les vulnérabilités des portefeuilles en ligne et l'importance de choisir des solutions de stockage sécurisées.

Risques et Stratégies de Mitigation.

Pour les investisseurs et les utilisateurs de cryptomonnaies, comprendre et atténuer les risques est crucial. Cela implique non seulement de suivre les meilleures pratiques de sécurité, mais aussi de rester constamment informé des dernières menaces et tendances en matière de sécurité numérique. La **formation continue** et la **vigilance** sont des composantes essentielles pour sécuriser les investissements dans les cryptomonnaies.

Gestion des Clés Privées.

Une gestion prudente des clés privées est fondamentale. Les experts recommandent de **sauvegarder les clés privées en plusieurs endroits sûrs et de limiter leur exposition en ligne.** L'utilisation de portefeuilles multiples pour la séparation des actifs peut également contribuer à réduire les risques.

"Ils comprirent que la blockchain n'était pas seulement la base de leur monde numérique, mais aussi une révolution dans la façon dont les informations et les valeurs pouvaient être sécurisées et partagées.

Avec de nouvelles connaissances et un sentiment d'émerveillement, Tom et Zoé quittèrent le laboratoire, prêts à poursuivre leur aventure dans le monde fascinant de Blockchainia.

En abordant la sécurité dans le monde des cryptomonnaies, nous comprenons que la technologie seule ne suffit pas à garantir la sécurité. Une combinaison de mesures de sécurité robustes, de bonnes pratiques et d'une vigilance constante est nécessaire pour protéger efficacement les actifs numériques.

Focus sur Ledger, Licorne Française

Ledger, une entreprise française, s'est imposée comme un leader mondial dans la sécurisation des cryptomonnaies.

Reconnue pour ses **hardware** wallets, notamment le Ledger Nano, l'entreprise offre une solution robuste pour le stockage hors ligne des clés privées des cryptomonnaies.

Ces dispositifs combinent la sécurité d'un stockage à froid avec la facilité d'utilisation d'une interface conviviale. Leur succès illustre l'importance de la sécurité dans la gestion des cryptomonnaies et souligne la capacité d'innovation française dans ce secteur en plein essor.

La croissance rapide de Ledger et son statut de "**licorne**" mettent en lumière l'importance croissante de la sécurité des actifs numériques dans un monde où les cryptomonnaies gagnent en popularité et en valeur.

CHAPITRE 5

L'AVENTURE DANS LE MINING ET LES WALLETS

Mining de Cryptomonnaies Principes et Impacts

Après leur expérience enrichissante au Laboratoire de la Blockchain, Tom et Zoé étaient impatients de poursuivre leur aventure dans Blockchainia. Leur prochaine étape les mena à la "Vallée du Mining", un lieu étonnant où ils pourraient apprendre comment les cryptomonnaies étaient générées.

Dans la Vallée du Mining, ils furent accueillis par un paysage éblouissant de fermes de mining, avec des rangées de puissants ordinateurs et des écrans lumineux affichant des séquences de chiffres et de lettres. "C'est ici que la magie se produit," leur expliqua un mineur amical. "Nous résolvons des énigmes complexes pour sécuriser la blockchain et en échange, nous recevons des cryptomonnaies."

Tom était fasciné par les machines, tandis que Zoé s'interrogeait sur l'impact écologique du mining. "C'est une question importante," répondit le mineur.

Le Mining de Cryptomonnaies Expliqué.

Le mining de cryptomonnaies est un processus crucial dans le fonctionnement des cryptomonnaies comme Bitcoin. Ce processus implique l'utilisation de **puissance informatique** pour résoudre des problèmes mathématiques complexes qui valident et enregistrent les transactions sur la blockchain. Pour chaque bloc de transactions validé, les mineurs sont récompensés avec une certaine quantité de cryptomonnaies, ce qui incite à participer au processus de mining.

 ## Définition : Mining (Minage)

Le **mining** est le processus par lequel les **transactions** de cryptomonnaies sont **vérifiées** et ajoutées à la blockchain. Il implique la résolution de problèmes cryptographiques complexes, nécessitant une puissance de calcul considérable.

L'Impact Environnemental du Mining.

L'un des sujets les plus débattus autour du mining de cryptomonnaies est son **impact environnemental.** Le mining, en particulier celui de Bitcoin, exige une quantité significative d'énergie, souvent alimentée par des sources non renouvelables, ce qui soulève des préoccupations environnementales. En réponse, des efforts sont faits pour rechercher des alternatives énergétiques plus durables et des mécanismes de consensus plus efficaces, comme **le Proof of Stake (PoS).**

Nous travaillons constamment à améliorer notre efficacité énergétique et à utiliser des sources d'énergie renouvelables."

Après leur visite de la Vallée du Mining, ils se dirigèrent vers le "Quartier des Wallets", où ils découvrirent les différents types de wallets utilisés pour stocker et gérer les cryptomonnaies. Ils apprirent l'existence des wallets mobiles, des wallets de bureau, des wallets matériels, et même des wallets papier. "Chaque type de wallet a ses avantages et ses inconvénients," leur expliqua un expert en wallets. "L'important est de choisir celui qui convient le mieux à vos besoins et de toujours garder vos clés privées en sécurité."

Tom et Zoé expérimentèrent avec un wallet mobile, envoyant une petite quantité de cryptomonnaie à un autre utilisateur. Zoé, prudente, vérifia soigneusement l'adresse avant d'envoyer. "C'est comme envoyer un message secret," dit-elle.

Ils terminèrent leur journée dans le Quartier des Wallets, impressionnés par la diversité des options et la responsabilité de gérer leurs propres actifs numériques.

Le Sais-Tu ? Le Halving de Bitcoin

Le **halving** est un événement important dans le monde de Bitcoin. Il se produit environ tous les **quatre ans et réduit de moitié** la récompense accordée aux mineurs pour chaque bloc miné. Ce mécanisme vise à **contrôler l'inflation** en limitant l'offre de nouveaux bitcoins. Le halving affecte la rentabilité du mining et est souvent accompagné de fluctuations significatives sur le marché des cryptomonnaies.

Diversité des Méthodes de Mining.

Bien que le mining de Bitcoin soit le plus connu, différentes cryptomonnaies utilisent diverses méthodes de mining. Certaines, comme Ethereum, sont passées à un mécanisme de consensus Proof of Stake, qui nécessite moins d'énergie que le traditionnel Proof of Work utilisé par Bitcoin. D'autres cryptomonnaies utilisent des variantes du Proof of Work pour réduire la consommation d'énergie et permettre un mining plus accessible.

Mining : Un Secteur en Évolution.

Le secteur du mining de cryptomonnaies est en **constante évolution**, avec l'apparition de nouvelles technologies et la croissance de fermes de mining à grande échelle. Les mineurs individuels font face à une concurrence accrue de la part de ces grandes opérations, ce qui soulève des questions sur la centralisation et la démocratisation du processus de mining.

Cette expérience leur avait enseigné l'importance de la sécurité et de la prudence dans le monde des cryptomonnaies.

En quittant le Quartier des Wallets, Tom et Zoé se sentaient plus confiants dans leur compréhension des cryptomonnaies et étaient prêts pour la suite de leur aventure dans Blockchainia.

En comprenant le rôle et les implications du mining dans
l'écosystème des cryptomonnaies, on saisit mieux les enjeux
techniques et environnementaux liés à cette activité. Le mining
reste un **élément fondamental** de la sécurité et du fonctionnement
des cryptomonnaies, mais il nécessite une approche équilibrée pour
assurer sa durabilité et son efficacité.

Focus sur Proof of Work vs Proof of Stake

PROOF OF WORK

Le Proof of Work (PoW) et le Proof of Stake (PoS) sont deux **mécanismes de consensus fondamentaux** dans l'univers des cryptomonnaies, chacun ayant des implications distinctes sur la sécurité, la scalabilité et l'impact environnemental. Le PoW, utilisé par Bitcoin, implique que les mineurs utilisent une importante puissance de calcul pour valider les transactions et créer de nouveaux blocs.

Bien que sécurisé, ce processus est énergivore. À l'inverse, le PoS, adopté par Ethereum 2.0, choisit les validateurs de transactions en fonction du nombre de monnaies qu'ils détiennent et sont prêts à "mettre en jeu" (stake), réduisant considérablement la consommation d'énergie.

Cette transition vers le PoS représente une étape essentielle vers un modèle plus durable et écologiquement responsable pour les cryptomonnaies, tout en offrant des possibilités d'augmenter la scalabilité et de réduire les coûts de transaction.

CHAPITRE 6

LA FÊTE DU HALVING

CHAPITRE 6

Les Wallets de Cryptomonnaies Choix, Utilisation et Sécurité

La prochaine étape de l'aventure de Tom et Zoé dans Blockchainia était un événement très attendu : la Fête du Halving. Cette célébration, qui avait lieu tous les quatre ans, marquait un moment important dans le monde des cryptomonnaies : la réduction de moitié de la récompense de mining du Bitcoin.

En arrivant à la fête, Tom et Zoé furent éblouis par les décorations scintillantes et les lumières colorées qui illuminaient le parc. Des stands de jeux, des attractions et des scènes de spectacle remplissaient l'espace, créant une atmosphère de carnaval numérique.

Ils furent accueillis par un personnage jovial nommé Hal, qui leur expliqua l'importance du Halving. "C'est un moment clé pour Bitcoin," dit-il.

Fonctionnement et Importance des Wallets de Cryptomonnaies.

Dans l'univers des cryptomonnaies, les **wallets (portefeuilles)** jouent un rôle essentiel. Ils permettent aux utilisateurs de **stocker, d'envoyer et de recevoir des cryptomonnaies**. Contrairement aux portefeuilles traditionnels qui contiennent de l'argent physique, les wallets de cryptomonnaies stockent des clés privées et publiques - des outils nécessaires pour accéder et effectuer des transactions avec vos cryptomonnaies.

Types de Wallets.

Il existe plusieurs types de wallets de cryptomonnaies, chacun offrant différents niveaux de sécurité et de commodité :

- **Wallets en Ligne (Hot Wallets)** : Ces wallets sont accessibles via Internet, offrant une grande commodité mais exposant les utilisateurs à des risques de sécurité plus élevés.
- **Wallets Matériels (Hardware Wallets)** : Ce sont des dispositifs physiques qui stockent les clés privées hors ligne, offrant une sécurité améliorée.
- **Wallets sur Papier** : Ici, les clés privées et publiques sont imprimées sur un morceau de papier. C'est une forme de "cold storage" très sécurisée mais moins pratique pour les transactions fréquentes.

Sécurisation de votre Wallet.

La sécurisation d'un wallet de cryptomonnaies est **essentielle** pour protéger vos actifs numériques. Des mesures telles que l'utilisation de phrases de passe complexes, la sauvegarde régulière des clés privées, et l'utilisation de wallets matériels pour les montants importants sont des pratiques recommandées. De plus, rester vigilant contre les escroqueries et les attaques de phishing est crucial.

Le Halving aide à contrôler l'inflation en réduisant le nombre de nouveaux Bitcoins générés. Cela rend chaque Bitcoin encore plus précieux."

Tom et Zoé participèrent à divers jeux et activités qui expliquaient le concept de l'offre et de la demande de manière ludique. Ils apprirent que bien que le Halving puisse influencer la valeur du Bitcoin, de nombreux autres facteurs, tels que la demande du marché et les événements mondiaux, jouent également un rôle important.

L'un des points forts de la fête était la grande horloge du Halving, qui comptait à rebours les secondes jusqu'au moment exact du Halving. Tom et Zoé, avec des dizaines d'autres visiteurs, regardèrent avec anticipation alors que l'horloge atteignait zéro et que des feux d'artifice numériques éclataient dans le ciel virtuel.

"Wow, c'est incroyable de faire partie de cet événement !" s'exclama Tom. Zoé, impressionnée par l'ampleur de l'événement, ajouta : "C'est un moment historique pour Blockchainia. Cela montre combien notre monde numérique est connecté et dynamique."

Le Sais-Tu ?
La Perte de Wallets

Une anecdote célèbre dans le monde des cryptomonnaies est celle d'un individu ayant perdu l'accès à un wallet contenant 7 500 bitcoins. Ayant jeté le disque dur contenant la clé privée du wallet, il a perdu une fortune. Cette histoire souligne l'importance de gérer et de sauvegarder ses clés privées de manière sécurisée.

Choisir le Bon Wallet.

Le choix d'un wallet dépend de vos **besoins spécifiques.** Pour une utilisation quotidienne avec de petites quantités, un wallet en ligne peut être pratique. Pour les investissements à long terme, un wallet matériel ou un wallet sur papier est préférable en raison de leur sécurité supérieure.

Définition :
Clé publique

Une **clé publique** est une adresse numérique où les autres utilisateurs peuvent envoyer des cryptomonnaies. Elle peut être partagée publiquement, contrairement à la clé privée qui doit rester secrète.

La Fête du Halving était également l'occasion pour la communauté de Blockchainia de se réunir et de célébrer les accomplissements et l'avenir de Bitcoin.

Tom et Zoé, entourés de nouveaux amis et de connaissances, se sentirent plus connectés que jamais au monde passionnant des cryptomonnaies.

Alors que la fête touchait à sa fin, les deux ours en peluche se sentaient enrichis d'une compréhension plus profonde du Bitcoin et de sa place dans Blockchainia. Ils savaient que chaque nouvelle découverte les rapprochait encore plus du cœur battant de ce monde numérique.

En explorant les différents types de wallets et en comprenant leurs utilisations et leurs mesures de sécurité, les utilisateurs peuvent faire des choix éclairés pour la gestion de leurs cryptomonnaies. Bien que la technologie des wallets continue d'évoluer, **la compréhension de leurs principes fondamentaux est essentielle pour toute personne s'aventurant dans le monde des cryptomonnaies.**

Focus sur la Gestion des Clés Privées

La gestion des clés privées est l'une des pierres angulaires de la sécurité dans le monde des cryptomonnaies. Une clé privée est essentiellement un "mot de passe" qui donne accès aux cryptomonnaies d'un utilisateur.

La sécurisation de cette clé est donc cruciale. Elle implique des pratiques telles que **ne jamais révéler la clé à des tiers,** utiliser un stockage sécurisé comme un hardware wallet ou un système de stockage hors ligne, et créer des sauvegardes sécurisées.

Les utilisateurs doivent également être vigilants contre les menaces en ligne telles que le phishing et les logiciels malveillants.

Une gestion prudente et sécurisée des clés privées assure que les actifs numériques restent protégés contre les accès non autorisés et les vols potentiels, préservant ainsi l'intégrité et la propriété des investissements en cryptomonnaies.

CHAPITRE 7

LE MYSTÈRE
DES CLÉS
PRIVÉES

Smart Contracts et la Finance Décentralisée (DeFi)

Tom et Zoé, inspirés par la Fête du Halving, décidèrent de poursuivre leur aventure en explorant un aspect crucial du monde des cryptomonnaies : la sécurité des clés privées. Leur curiosité les mena au "Coffre-fort Numérique de Blockchainia", un endroit réputé pour son enseignement sur la protection des actifs numériques.

À leur arrivée, ils furent accueillis par Cipher, un expert en sécurité numérique, qui leur expliqua l'importance des clés privées. "Les clés privées sont comme les clés de votre coffre-fort personnel dans le monde des cryptomonnaies. Elles doivent rester secrètes et protégées," dit-il avec sérieux.

Tom et Zoé parcoururent le coffre-fort, fascinés par les expositions interactives. Ils apprirent comment les clés privées étaient générées et comment elles sécurisaient les transactions de cryptomonnaies.

Smart Contracts : La Programmation sur la Blockchain.

Les **smart contracts** sont l'une des **innovations** les plus significatives apportées par les cryptomonnaies. Ce sont des contrats auto-exécutables écrits en code de programmation et stockés sur la blockchain. Ils s'activent automatiquement pour exécuter des accords spécifiques lorsque leurs conditions prédéfinies sont remplies. Cette automatisation élimine le besoin d'intermédiaires, réduisant ainsi les coûts et le temps pour les transactions.

Exemples d'Application des Smart Contracts.

Dans l'immobilier, par exemple, les smart contracts peuvent automatiquement transférer la propriété d'un bien immobilier une fois que le paiement est validé et reçu, simplifiant et sécurisant le processus de vente. Dans la supply chain, ils peuvent être utilisés pour déclencher des paiements automatiques dès la réception confirmée de marchandises, améliorant ainsi l'efficacité et la transparence des transactions commerciales.

Définition : Finance Décentralisée (DeFi)

La **finance décentralisée (DeFi)** est un écosystème financier construit sur la blockchain qui offre des services financiers, tels que le prêt, l'emprunt, et le trading, sans l'intervention de banques ou d'autres institutions financières traditionnelles. Elle vise à créer un système financier plus ouvert, accessible et efficace.

"C'est comme un code secret qui protège nos trésors numériques !" s'exclama Zoé.

Ils découvrirent également les dangers des attaques de phishing et des malwares. Cipher leur montra comment reconnaître et éviter ces menaces. "Toujours être vigilant et prudent," conseilla-t-il. "La sécurité dans le monde numérique est aussi importante que dans le monde réel."

Dans une partie du coffre-fort, Tom et Zoé pratiquèrent la création de mots de passe forts et la mise en place de l'authentification à deux facteurs. Ils furent surpris de voir à quel point quelques étapes simples pouvaient augmenter considérablement la sécurité de leurs wallets numériques.

Le clou de leur visite fut l'exposition des "Clés Légendaires", une collection de célèbres clés privées de l'histoire de Blockchainia. "Chaque clé a une histoire," expliqua Cipher. "Certaines ont ouvert la voie à d'énormes transactions, d'autres ont été perdues à jamais. Elles nous rappellent l'importance de gérer nos clés avec soin."

Le Sais-Tu ?
Le Boom de la DeFi

La DeFi a connu une croissance explosive, en particulier sur la blockchain Ethereum. Des plateformes comme Uniswap et Compound ont révolutionné le trading et le prêt de cryptomonnaies, permettant aux utilisateurs d'accéder à des services financiers sans passer par des intermédiaires traditionnels. Cette croissance a été alimentée par la flexibilité et l'innovation des smart contracts.

Les Smart Contracts et les Questions de Sécurité.

Bien que les smart contracts offrent de nombreux avantages, ils ne sont **pas sans risques**. Le code de programmation peut contenir des vulnérabilités, rendant les contrats susceptibles d'être exploités. Cela nécessite une diligence raisonnable et, souvent, des audits de sécurité pour s'assurer de leur fiabilité.

L'Avenir de la DeFi et des Smart Contracts.

La DeFi et les smart contracts sont en première ligne d'une révolution financière. Alors que la technologie continue de mûrir et que des normes de sécurité plus solides sont mises en place, le potentiel de ces innovations pour remodeler le paysage financier est immense.

Elles représentent une étape importante vers un système financier plus inclusif et efficace, ouvrant la voie à de nouvelles formes d'investissement, de prêt et de gestion d'actifs.

En quittant le Coffre-fort Numérique, Tom et Zoé se sentirent plus responsables et informés sur la gestion de leurs actifs numériques. Ils comprirent que la sécurité était la clé pour naviguer en toute confiance dans le monde des cryptomonnaies.

"Je me sens comme un gardien de trésor maintenant," dit Tom en souriant. Zoé acquiesça, "Et un gardien de trésor très averti !" Ensemble, ils continuèrent leur voyage à travers Blockchainia, armés de nouvelles connaissances et d'une compréhension approfondie de l'importance de la sécurité dans leur monde numérique.

En explorant les smart contracts et la DeFi, nous découvrons comment la technologie blockchain est utilisée pour créer des solutions financières innovantes et disruptives, redéfinissant les interactions économiques et ouvrant de nouvelles voies pour l'autonomie financière.

Focus sur les stablecoins

Les **stablecoins** jouent un **rôle crucial dans l'écosystème de la finance décentralisée (DeFi)**.

En étant ancrés à des **actifs stables** tels que des monnaies fiduciaires ou des métaux précieux, les stablecoins offrent une alternative aux cryptomonnaies plus volatiles, fournissant ainsi une forme de stabilité nécessaire dans les transactions DeFi. Ils facilitent les échanges sur les plateformes de trading, les prêts et les emprunts, tout en réduisant les risques associés à la volatilité des prix. Les stablecoins servent également de pont entre le monde des cryptomonnaies et les systèmes financiers traditionnels, permettant une intégration plus fluide des monnaies numériques dans diverses applications économiques et financières.

Leur existence soulève cependant des questions sur la régulation et la surveillance, mettant en lumière la nécessité d'équilibrer l'innovation avec la stabilité financière.

CHAPITRE 8

EXPLORATION DU WALLET NUMÉRIQUE

L'Évolution et les Défis de l'Adoption des Cryptomonnaies

Fortifiés par leur compréhension de la sécurité des cryptomonnaies, Tom et Zoé étaient prêts pour la prochaine étape de leur périple : le monde fascinant des wallets numériques. Leur aventure les mena à la "Cité des Wallets", un quartier futuriste de Blockchainia dédié à l'éducation et à l'innovation dans la gestion des actifs numériques.

À leur arrivée, ils furent émerveillés par les bâtiments scintillants et les écrans holographiques affichant des informations sur divers types de wallets. "Regarde, Tom, chaque bâtiment représente un type différent de wallet !" s'exclama Zoé en pointant vers les structures étonnantes.

Le premier arrêt fut le Centre des Wallets Mobiles.

L'Adoption Croissante des Cryptomonnaies.

Au fil des ans, l'adoption des cryptomonnaies a connu une croissance significative, passant d'une niche technologique à un phénomène mondial. Des entreprises, des commerçants et même certains gouvernements commencent à reconnaître la valeur et le potentiel des cryptomonnaies. Cette adoption est alimentée par leur capacité à offrir des transactions rapides, des frais réduits, et une plus grande inclusion financière.

Définition : Adoption des Cryptomonnaies

L'adoption des cryptomonnaies fait référence à l'utilisation croissante de ces monnaies numériques dans divers aspects de l'économie, du commerce et de la vie quotidienne. Elle implique non seulement l'achat et la vente de cryptomonnaies, mais aussi leur utilisation dans des transactions quotidiennes, des paiements, et des investissements.

Le Sais-Tu ? Premiers Pays à Adopter le Bitcoin

Certains pays, comme le **Salvador**, ont franchi un pas significatif en adoptant **Bitcoin comme monnaie légale**. Cette décision historique marque une étape importante dans l'acceptation des cryptomonnaies au niveau gouvernemental et pourrait ouvrir la voie à une adoption plus large à travers le monde.

Ici, ils apprirent comment ces wallets pratiques permettaient de gérer des cryptomonnaies directement depuis un smartphone. "C'est comme avoir une banque numérique dans ta poche !" dit Tom, impressionné.

Ensuite, ils explorèrent le Pavillon des Wallets Matériels. Un expert leur expliqua comment ces dispositifs ressemblant à des clés USB fournissaient une sécurité supplémentaire en stockant les clés privées hors ligne. "C'est comme un coffre-fort pour vos cryptomonnaies," expliqua l'expert.

Zoé fut particulièrement intéressée par les Wallets Papier. "C'est incroyable de penser que quelque chose d'aussi simple qu'un morceau de papier peut être si important," dit-elle en examinant un wallet papier sécurisé sous un verre protecteur.

Dans la Salle des Transactions, Tom et Zoé s'exercèrent à envoyer et recevoir des cryptomonnaies en utilisant des simulateurs de wallets. Ils apprirent l'importance de vérifier les adresses de réception et de suivre les transactions sur la blockchain. "C'est comme envoyer un message secret à travers le monde numérique," dit Tom, fasciné par le processus.

Les Défis de l'Adoption.

Malgré ces progrès, l'adoption des cryptomonnaies fait face à plusieurs défis. La **volatilité** des prix reste une préoccupation majeure pour les investisseurs et les utilisateurs. De plus, les questions réglementaires, la sécurité des transactions et la compréhension publique limitée des cryptomonnaies constituent des obstacles à une adoption plus large.

Impact sur les Systèmes Financiers Traditionnels.

L'essor des cryptomonnaies pose des questions fondamentales sur l'avenir des systèmes financiers traditionnels.

Leur nature décentralisée et l'absence d'intermédiaires financiers remettent en question le rôle des banques et d'autres institutions financières. En même temps, elles offrent des opportunités d'innovation et de modernisation des systèmes financiers existants.

Cryptomonnaies et Inclusion Financière.

Un aspect crucial de l'adoption des cryptomonnaies est leur potentiel à améliorer l'inclusion financière.

Dans les régions où l'accès aux services bancaires traditionnels est limité, les cryptomonnaies peuvent offrir une alternative viable, permettant aux gens d'accéder à des services financiers essentiels.

Leur visite se termina au Musée de l'Évolution des Wallets, où ils découvrirent l'histoire des wallets numériques, de leurs origines rudimentaires à leurs formes actuelles avancées. "Chaque étape de cette évolution montre comment nous sommes devenus plus intelligents et plus sûrs dans la gestion de nos actifs numériques," résuma Zoé.

En quittant la Cité des Wallets, Tom et Zoé se sentirent plus confiants et compétents dans la gestion de leurs cryptomonnaies. Ils avaient appris que les wallets numériques n'étaient pas seulement des outils pour stocker des cryptomonnaies, mais des portails essentiels vers le monde fascinant de Blockchainia.

"Je pense qu'on est prêts pour gérer nos propres wallets maintenant," dit Tom avec un sourire. "Oui, et avec prudence et sagesse," ajouta Zoé. Main dans la main, ils continuèrent leur exploration de Blockchainia, prêts à découvrir encore plus de merveilles dans ce monde numérique.

En explorant l'adoption des cryptomonnaies, nous reconnaissons à la fois leur potentiel disruptif et les défis à surmonter. L'avenir des cryptomonnaies dépendra de la manière dont ces défis seront relevés et de la capacité du secteur à s'intégrer de manière transparente dans l'économie mondiale.

Focus sur
les Cryptomonnaies dans les Pays en Développement

Dans les pays en développement, les cryptomonnaies offrent des opportunités uniques pour l'inclusion financière et le développement économique. Dans ces régions, où l'accès aux services bancaires traditionnels peut être limité, les cryptomonnaies permettent aux individus et aux entreprises de participer au système financier mondial. Elles facilitent les transferts d'argent internationaux, réduisant les coûts et les délais souvent associés aux méthodes traditionnelles.

De plus, les cryptomonnaies peuvent servir de tampon contre l'inflation locale et la dévaluation des monnaies, offrant ainsi une stabilité financière dans des économies souvent volatiles. Cette technologie offre également une plateforme pour l'entrepreneuriat et l'innovation, donnant accès à de nouveaux marchés et possibilités d'investissement.

Néanmoins, l'adoption généralisée des cryptomonnaies dans ces contextes nécessite une approche équilibrée qui tient compte des risques, de l'éducation financière et de l'infrastructure technologique.

CHAPITRE 9

LES MYSTÈRES DE LA BLOCKCHAIN DÉVOILÉS

L'Impact des Cryptomonnaies sur les Systèmes Économiques Globaux

Après avoir maîtrisé les rudiments des wallets numériques, Tom et Zoé étaient prêts à approfondir leur compréhension de la technologie fondamentale de Blockchainia : la blockchain elle-même. Pour cela, ils se dirigèrent vers le "Centre d'Exploration de la Blockchain", un lieu où les mystères de cette technologie révolutionnaire étaient dévoilés.

Le centre était un bâtiment impressionnant, avec des murs transparents montrant des animations de chaînes de blocs en mouvement et des données cryptées s'écoulant comme des rivières numériques. "C'est comme si on pouvait voir le cœur battant de Blockchainia !" s'émerveilla Tom.

Transformation Économique par les Cryptomonnaies.

L'émergence des cryptomonnaies a initié une transformation profonde des systèmes économiques mondiaux. Elles remettent en question les structures financières traditionnelles et offrent de nouvelles perspectives sur la monnaie, la valeur et les échanges. Cette transformation va bien au-delà des transactions financières, touchant des domaines aussi variés que le commerce international, la politique monétaire, et même la gouvernance globale.

Cryptomonnaies et Commerce International.

Dans le commerce international, les cryptomonnaies offrent une **solution aux défis des transactions transfrontalières,** notamment en termes de coûts et de rapidité.

Elles éliminent le besoin d'intermédiaires financiers et réduisent les frais de transaction, facilitant ainsi le commerce mondial, en particulier pour les petites entreprises et les marchés émergents.

Définition : Transactions Transfrontalières

Les **transactions transfrontalières** sont des échanges de biens, services, ou capitaux qui traversent les frontières nationales. Les cryptomonnaies peuvent simplifier ces transactions en offrant un moyen rapide, sécurisé et moins coûteux de transfert de valeur.

À l'intérieur, ils furent accueillis par Blocky, un guide virtuel, qui les emmena dans un voyage interactif à travers l'histoire et le fonctionnement de la blockchain. La première station expliquait comment les transactions étaient regroupées en blocs et sécurisées par des processus cryptographiques. "Chaque bloc est comme une page dans un grand livre numérique," expliqua Blocky.

Ils découvrirent ensuite comment la blockchain était utilisée bien au-delà des cryptomonnaies, dans des domaines tels que la sécurisation des dossiers médicaux, la gestion de la chaîne d'approvisionnement et même dans les systèmes de vote. "La blockchain n'est pas juste pour les cryptomonnaies, elle peut changer le monde de tant de façons !" dit Zoé, impressionnée.

Une des expositions les plus fascinantes était celle des contrats intelligents. Tom et Zoé virent comment ces contrats programmables pouvaient s'exécuter automatiquement lorsque certaines conditions étaient remplies. "C'est comme de la magie numérique !" s'exclama Tom.

Le Sais-Tu ? Les Cryptomonnaies et les Pays en Développement

Dans certains pays en développement, où l'accès aux services bancaires traditionnels est limité, les cryptomonnaies jouent un rôle crucial en offrant un **accès aux services financiers**.

Par exemple, en Afrique, les plateformes de cryptomonnaies permettent aux gens de réaliser des transactions financières, d'envoyer de l'argent à l'étranger, et même d'accéder à des prêts

Impact sur la Politique Monétaire.

Les cryptomonnaies posent également un défi aux politiques monétaires traditionnelles.

Leur nature décentralisée et le contrôle limité des gouvernements sur elles pourraient entraîner une reconsidération des approches monétaires et financières actuelles. Cela inclut l'examen du rôle des banques centrales et l'impact potentiel sur l'inflation et la stabilité financière.

Cryptomonnaies et Gouvernance.

Les cryptomonnaies stimulent également des discussions sur la gouvernance globale et la réglementation.

Alors que les gouvernements et les régulateurs cherchent à comprendre et à encadrer cette nouvelle classe d'actifs, des questions se posent sur la manière de réguler sans étouffer l'innovation. La réponse à ces questions façonnera l'avenir des cryptomonnaies et leur intégration dans le système économique mondial.

Le point culminant de leur visite fut la "Salle des Immersions Blockchain", où ils purent expérimenter virtuellement le rôle d'un mineur, vérifiant et ajoutant des transactions à la blockchain. Ils ressentirent la satisfaction de contribuer à la sécurité et à la transparence de Blockchainia.

En quittant le Centre d'Exploration de la Blockchain, Tom et Zoé se sentaient émerveillés par la puissance et la polyvalence de la blockchain. Ils avaient appris que cette technologie n'était pas seulement le fondement de Blockchainia, mais aussi une force puissante pour le bien dans de nombreux aspects de la vie numérique et réelle.

"La blockchain est vraiment incroyable," dit Tom, pensif. "Elle nous montre comment la technologie peut être utilisée pour créer un monde meilleur et plus sûr," ajouta Zoé, pleine d'espoir. Main dans la main, ils reprirent leur chemin, excités de découvrir le dernier chapitre de leur aventure dans le monde de Blockchainia.

Vers une Économie Globale Intégrée.

En reconnaissant l'impact des cryptomonnaies sur les systèmes économiques globaux, nous pouvons mieux apprécier leur potentiel transformateur. Elles offrent une opportunité de repenser les approches économiques, d'améliorer l'efficacité des transactions, et de promouvoir une plus grande inclusion financière.

Cette évolution vers une économie globale plus intégrée, cependant, exigera une collaboration entre les nations, les entreprises, et les citoyens pour naviguer dans ce nouveau paysage économique

Focus sur
les
Cryptomonnaies
et les Transferts
d'Argent
Internationaux

Les cryptomonnaies révolutionnent la manière dont les transferts d'argent internationaux sont effectués, en apportant rapidité, efficacité et réduction des coûts. Contrairement aux systèmes de transfert d'argent traditionnels, qui peuvent être lents et onéreux, les cryptomonnaies permettent des transactions transfrontalières quasi instantanées avec des frais minimes. Cette capacité est particulièrement bénéfique pour les travailleurs migrants envoyant de l'argent dans leur pays d'origine et pour les entreprises effectuant des paiements internationaux. Les cryptomonnaies offrent également une plus grande accessibilité, permettant aux personnes sans compte bancaire traditionnel de participer à l'économie mondiale. Néanmoins, des défis subsistent, notamment en termes de réglementation, de volatilité des prix et de sécurité des transactions.

CHAPITRE 10

L'UNIVERS DES TRANSACTIONS ET DES ÉCHANGES

Les Cryptomonnaies et leur Avenir : Tendances et Prévisions

Après avoir exploré les profondeurs de la blockchain, Tom et Zoé se dirigèrent vers leur prochaine grande aventure dans Blockchainia : le monde fascinant des transactions et des échanges de cryptomonnaies. Leur curiosité les mena à la "Place du Marché Numérique", un lieu où le flux incessant de transactions numériques prenait vie sous leurs yeux.

La Place du Marché Numérique était un spectacle en soi, avec des écrans géants affichant des taux de change en temps réel et des hologrammes représentant diverses cryptomonnaies. "C'est comme être au centre du monde numérique," s'émerveilla Tom en regardant autour de lui.

L'Avenir des Cryptomonnaies.

Alors que nous regardons vers l'avenir, les cryptomonnaies semblent prêtes à jouer un rôle encore plus important dans notre système financier mondial. Leur adoption croissante, tant par les particuliers que par les institutions, ainsi que leur intégration dans divers secteurs économiques, indiquent qu'elles sont bien plus qu'une simple mode passagère. Cependant, cet avenir est aussi rempli d'incertitudes et de défis, notamment en termes de régulation, d'acceptation publique et de stabilité des marchés.

Tendances Émergentes.

Plusieurs tendances émergentes donnent un aperçu de l'orientation future des cryptomonnaies :

- **Finance Décentralisée (DeFi)** : La DeFi continue de croître, offrant des alternatives aux services financiers traditionnels et réinventant des aspects comme le prêt, l'emprunt et l'assurance.
- **Monnaies Numériques de Banque Centrale (CBDC)** : De nombreux pays envisagent de lancer leurs propres monnaies numériques officielles, ce qui pourrait transformer la façon dont les citoyens interagissent avec l'argent et les services gouvernementaux.
- **Intégration dans les Systèmes de Paiement** : Les cryptomonnaies gagnent du terrain comme moyen de paiement, avec des entreprises de divers secteurs qui commencent à les accepter.

Défis et Incertitudes

Malgré ces développements positifs, les cryptomonnaies font face à des défis significatifs. La volatilité des prix reste une préoccupation majeure pour les investisseurs. De plus, la réglementation des cryptomonnaies est un sujet complexe et en constante évolution, avec des gouvernements qui cherchent à trouver un équilibre entre la protection des consommateurs et la promotion de l'innovation.

Ils découvrirent les plateformes d'échange, où les gens pouvaient acheter, vendre ou échanger des cryptomonnaies. Un expert leur expliqua comment les transactions étaient sécurisées sur la blockchain et l'importance de choisir des plateformes d'échange réputées. "Chaque transaction est une petite partie de l'histoire de Blockchainia," dit l'expert.

Tom et Zoé furent particulièrement fascinés par un stand où ils pouvaient simuler des échanges de cryptomonnaies. Ils apprirent à analyser les taux de change, à comprendre l'impact des nouvelles mondiales sur les prix, et à faire des échanges de manière responsable. "C'est comme jouer à un jeu, mais avec de vraies règles et de vraies conséquences," remarqua Zoé.

Leur aventure les conduisit également à explorer le domaine émergent de la finance décentralisée (DeFi), où ils découvrirent comment la blockchain permettait de créer des services financiers sans les intermédiaires traditionnels. "C'est incroyable de voir comment la technologie peut transformer la finance," dit Tom, impressionné.

Le Sais-Tu ? Les NFTs et l'Art Numérique

Les **NFTs (Non-Fungible Tokens)**, uniques et non interchangeables, ont ouvert un nouveau domaine pour les créateurs d'art numérique, permettant la propriété et la commercialisation d'œuvres numériques. Cette innovation a créé un nouveau marché pour l'art et a changé la façon dont nous percevons la propriété numérique.

Impact sur les Générations Futures.

L'impact des cryptomonnaies s'étendra probablement aux générations futures, influençant la manière dont elles interagissent avec l'argent et les actifs numériques.

L'éducation financière et la compréhension des cryptomonnaies deviendront des compétences essentielles, à mesure que ces monnaies numériques deviennent une partie intégrante de l'économie globale.

Cryptomonnaies et Gouvernance.

Les cryptomonnaies stimulent également des discussions sur la gouvernance globale et la réglementation.

Alors que les gouvernements et les régulateurs cherchent à comprendre et à encadrer cette nouvelle classe d'actifs, des questions se posent sur la manière de réguler sans étouffer l'innovation.

La réponse à ces questions façonnera l'avenir des cryptomonnaies et leur intégration dans le système économique mondial.

Alors que la journée touchait à sa fin, Tom et Zoé se tenaient au sommet d'une tour d'observation, regardant la Place du Marché Numérique s'illuminer sous les étoiles numériques. Ils réfléchissaient à tout ce qu'ils avaient appris sur les transactions et les échanges de cryptomonnaies.

"Nous avons tellement appris," dit Zoé. "Sur les cryptomonnaies, la blockchain, et même sur nous-mêmes." Tom acquiesça, "Oui, et le plus important, c'est que nous avons appris ensemble."

Main dans la main, les deux ours en peluche se promirent de continuer à explorer, à apprendre et à grandir ensemble dans le monde captivant de Blockchainia.

Perspectives Futures.

À mesure que nous avançons, l'avenir des cryptomonnaies semble être un mélange d'innovation technologique, de défis réglementaires et d'évolution des perceptions publiques. Leur capacité à s'adapter, à innover et à surmonter les obstacles déterminera leur rôle dans le futur de la finance et de l'économie mondiale.

En réfléchissant sur l'avenir des cryptomonnaies, nous reconnaissons leur potentiel à remodeler non seulement notre système financier, mais aussi notre conception de la valeur, de la propriété et des échanges dans un monde de plus en plus numérisé.

Focus sur Cryptomonnaies et l'Environnement : Initiatives Durables

La relation entre les cryptomonnaies et l'environnement est complexe et en constante évolution. Historiquement, le mining de cryptomonnaies, notamment celui de Bitcoin, a été critiqué pour sa consommation énergétique élevée. Cependant, l'industrie des cryptomonnaies s'oriente vers des solutions plus durables. Le passage d'Ethereum du Proof of Work au Proof of Stake est un exemple de cette tendance, réduisant considérablement son empreinte énergétique. De plus, de nombreuses initiatives visent à utiliser des sources d'énergie renouvelables pour le mining de cryptomonnaies. Ces évolutions démontrent l'engagement de la communauté des cryptomonnaies à trouver un équilibre entre innovation technologique et durabilité environnementale.

CONCLUSION

LE TRESOR
DE LA
CONNAISSANCE

CONCLUSION

Un Voyage dans l'Univers des Cryptomonnaies

Après un voyage incroyable à travers le monde merveilleux de Blockchainia, Tom et Zoé se retrouvèrent sur une colline paisible, surplombant le paysage numérique qu'ils avaient exploré. Alors que le soleil numérique se couchait à l'horizon, teintant le ciel de Blockchainia de couleurs vives, ils réfléchirent à leur aventure.

"Nous avons vu tant de choses incroyables," dit Tom, son regard perdu dans le lointain. "Les montagnes russes du marché, le mystérieux Halving, et même les secrets de la blockchain !"

Zoé, avec un sourire sage, ajouta : "Et nous avons appris tellement. Sur les cryptomonnaies, la sécurité, et l'importance de la prudence." Elle se tourna vers Tom, les yeux brillants. "Mais le plus grand trésor que nous avons trouvé, c'est la connaissance."

Tom hocha la tête en accord. "Et les amis que nous avons faits en chemin. Chaque personne que nous avons rencontrée nous a appris quelque chose de nouveau." Il prit une profonde inspiration. "Je pense que nous sommes prêts à partager ce que nous avons appris avec les autres."

Chers lecteurs,

Alors que nous arrivons au terme de ce voyage fascinant à travers le monde des cryptomonnaies, il est important de reconnaître que notre exploration n'est que le début d'une aventure bien plus vaste et profonde. Ensemble, nous avons découvert les fondements de Bitcoin, les subtilités de la blockchain, les innovations de la finance décentralisée, et bien d'autres aspects de cet univers complexe et captivant.

Les cryptomonnaies et la blockchain ne sont pas de simples concepts techniques ou des outils financiers ; elles représentent une révolution dans notre façon de penser l'argent, les transactions, et même la confiance. Elles défient les systèmes établis et ouvrent la voie à de nouvelles possibilités qui n'étaient jusqu'à présent que des rêveries.
Je vous encourage vivement à continuer d'explorer, d'apprendre et de questionner. L'univers des cryptomonnaies est en constante évolution, avec de nouvelles innovations et des développements qui se produisent presque quotidiennement. Restez curieux, restez informés et, surtout, restez ouverts aux nombreuses possibilités que cette nouvelle ère numérique a à offrir.

N'oubliez pas que chaque grande aventure commence par un pas, ou dans notre cas, par un clic. Les pages que nous avons parcourues ensemble ne sont qu'un prélude à votre propre exploration dans le monde fascinant des cryptomonnaies. Il y a tant à apprendre, tant à découvrir, et votre voyage ne fait que commencer.

Alors, continuez à creuser plus profondément, à poser des questions et à explorer. L'avenir des cryptomonnaies est non seulement fascinant mais aussi entre vos mains. Qui sait quelles innovations vous pourriez découvrir ou inspirer?

Merci de m'avoir accompagné dans cette aventure. Le monde des cryptomonnaies vous attend, plein de mystères à résoudre et de trésors à découvrir. Bonne exploration !

Zoé prit la main de Tom. "Oui, partageons notre trésor de la connaissance avec le monde. Aidons les autres à comprendre ce merveilleux univers des cryptomonnaies."

Alors que la nuit tombait sur Blockchainia, Tom et Zoé descendirent de la colline, le cœur rempli de souvenirs inoubliables et la tête pleine de nouvelles connaissances. Ils savaient que leur aventure dans Blockchainia n'était que le début d'un voyage d'apprentissage et de découverte qui les accompagnerait tout au long de leur vie.

"Blockchainia nous attendra toujours," dit Tom en souriant. "Et il y aura toujours plus à découvrir." Zoé acquiesça, les yeux tournés vers l'avenir. "Oui, et nous serons toujours prêts pour une nouvelle aventure."

Main dans la main, les deux ours en peluche s'éloignèrent, prêts à partager le trésor de la connaissance qu'ils avaient acquis avec le monde, et impatients de voir où leur curiosité les mènerait ensuite...

Pour aller plus loin...

Nous espérons que cette exploration dans le monde fascinant des cryptomonnaies vous a été enrichissante et inspirante. Si vous êtes curieux d'en apprendre davantage et de plonger plus profondément dans ce domaine en constante évolution, voici quelques ressources en ligne qui peuvent élargir vos connaissances :

1. **Bitcoin.org** : Un site de référence pour tout savoir sur Bitcoin, son fonctionnement et son histoire. https://bitcoin.org/
2. **Blockchain.com** : Un portail d'informations et un wallet pour les cryptomonnaies, offrant des insights et des analyses de marché. https://www.blockchain.com/
3. **CoinDesk** : Un leader dans l'actualité des cryptomonnaies, offrant des nouvelles, des guides et des analyses approfondies. https://www.coindesk.com/
4. **Ethereum Foundation** : Pour ceux qui s'intéressent à Ethereum, ce site offre des informations complètes sur la blockchain Ethereum et ses applications. https://ethereum.org/
5. **CryptoCompare** : Un outil utile pour comparer et analyser différentes cryptomonnaies, offrant des données de marché en temps réel. https://www.cryptocompare.com/
6. **Podcasts et Chaînes YouTube** : Il existe de nombreux podcasts et chaînes YouTube dédiés aux cryptomonnaies, tels que "Hasheur" par Owen Simonin ou la chaîne "Andreas M. Antonopoulos" pour des explications détaillées et accessibles.
7. **Cours en Ligne** : Des plateformes comme Coursera et Udemy offrent des cours en ligne pour apprendre à votre rythme sur le blockchain, le mining, les smart contracts, et plus encore.

La découverte du monde des cryptomonnaies est un voyage continu. N'hésitez pas à explorer ces ressources et à rester informé des dernières tendances et innovations dans ce domaine passionnant.

www.ingramcontent.com/pod-product-compliance
Lightning Source LLC
Chambersburg PA
CBHW072335290526
45794CB00002B/887